COMPTE-RENDU

DU

COMITÉ DE L'ASSOCIATION

DES

Dames Protestantes de Montpellier

en faveur des

VICTIMES DE LA GUERRE

(Juin 1871)

MONTPELLIER
BOEHM & FILS, IMPRIMEURS-ÉDITEURS
Place de l'Observatoire.

1871

Le Comité de l'Association des Dames protestantes en faveur des victimes de la guerre vient rendre compte de la marche et des résultats de l'œuvre aux personnes qui l'ont soutenue par leurs dons et leur travail.

On se souvient des circonstances qui ont déterminé la création de notre Société. Lorsque éclata l'horrible guerre qui a couvert de ruines une vaste portion de notre pays et répandu le deuil dans nos familles et dans nos cœurs, nous avions tous soif d'activité et de dévouement. Plusieurs voies étaient ouvertes aux hommes ; une seule l'était aux femmes : c'était la voie sainte et bénie de la charité ! Soulager et, s'il était possible, guérir les maux causés par la guerre, telle était leur tâche.

La Société Internationale de secours aux blessés des armées de terre et de mer commençait en France sa belle œuvre et donnait l'élan à la charité. Les protestants se hâtèrent de soutenir cette excellente institution et, tandis que quelques journaux hostiles ou mal informés les accusaient de manquer de patriotisme, ils témoignaient par des faits de leur attachement à cette patrie qu'ils ont toujours aimée et servie, même aux jours les plus néfastes de leur histoire. Partout où ils l'ont pu ils ont fait partie des Comités mixtes qui se sont formés. De plus, ils ont soutenu bon nombre d'Associations spéciales destinées à venir en aide aux victimes de la guerre. A Paris se fondait le Comité auxiliaire évangélique, section protestante de la Société internationale de secours aux blessés qui a dirigé plusieurs ambulances sur le champ de bataille et dans la capitale même pendant le siége. Dans un grand nombre de villes, des collectes s'organisaient, des sociétés se formaient ayant toutes pour but de secourir les soldats blessés de notre armée ou les habitants des départements ravagés par la guerre. Montpellier ne voulut pas rester en arrière dans ce noble concours de patriotisme et de charité. Nous fondâmes alors notre Association des Dames protestantes en faveur des victimes de la guerre.

Le Comité fondateur, primitivement composé de six personnes, étendit à douze le nombre de ses membres appelés à organiser et à diriger l'œuvre. Le programme qu'il se donna était large, comme l'indique le titre qu'il prit dès le commencement : *Association protestante en faveur des victimes de la guerre.* Venir en aide aux victimes de la guerre, sans distinction de personnes ni de cultes ; soulager les blessés, les malades, les convalescents ; secourir les soldats nécessiteux, les prisonniers, les habitants des départements ravagés par l'invasion, tel était le but multiple qu'il se proposait. L'œuvre était vaste, variée ; nous l'avons commencée petitement, mais avec foi. Le besoin de faire du bien était dans tous les cœurs, aussi nos appels ont-ils été entendus. Les femmes de notre Église nous ont apporté un concours sympathique et efficace. Les ressources ne nous ont jamais fait défaut;

chacun a fait son devoir. Que d'ouvrières sont venues chercher un ouvrage, à la confection duquel elles étaient heureuses de consacrer quelques heures, précieuses cependant, de leur laborieuse semaine; que de mères, dont le fils était à l'armée, trouvaient un peu de consolation et de courage en travaillant pour nos soldats ou nos prisonniers! Des femmes, originaires de l'Alsace ou de la Lorraine, ont donné avec joie et travaillé avec ardeur pour soulager les misères si grandes des habitants de nos départements envahis. Dieu a béni nos efforts réunis. En faisant du bien aux autres, nous en avons beaucoup reçu nous-mêmes. Dans cette œuvre commune de travail et de bienfaisance, nous nous sommes senties profondément unies. La charité que nous avons voulu témoigner aux malheureuses victimes de la guerre a commencé par agir dans nos cœurs.

Une première mise de fonds, produite par une quotité de 5 francs, nous fournit les moyens de commencer notre œuvre. La quotité avait été fixée assez modeste pour permettre à un grand nombre de personnes d'entrer dans l'Association. L'argent que nous recevions était employé en très-grande partie à l'achat d'étoffes qui devaient être transformées en vêtements. En agissant ainsi, notre but était double : nous voulions associer par le travail toutes les femmes de notre Église à l'œuvre de charité que nous entreprenions; car si quelques-unes seulement pouvaient fournir de l'argent à l'Association, toutes, même les plus pauvres, pouvaient donner quelques heures de travail; en outre, par le travail nous augmentions la valeur de ce que nous pouvions donner, et avec le froid rigoureux de ce terrible hiver, de bons vêtements chauds étaient plus utiles à nos pauvres blessés et à nos prisonniers que quelques faibles secours en argent.

Nous ouvrîmes une réunion de travail le lundi, dans une des salles attenantes au Temple, dont le Conseil presbytéral de notre Église avait bien voulu nous accorder l'usage. Là, durant huit mois, nous avons distribué de l'ouvrage à faire pendant la semaine. Des dames, des jeunes filles de bonne volonté y venaient raccommoder les vêtements à demi-usés qui nous étaient donnés, et couper le vieux linge pour en faire des bandes, des compresses, de la charpie. Dans d'autres réunions particulières, les Dames du Comité préparaient les ouvrages qui se distribuaient le lundi, ou faisaient des ballots pour les envois au dehors.

On trouvera plus loin un tableau de nos recettes et de nos dépenses. Il nous a été impossible de mentionner le nom de tous nos donateurs; la liste en était si volumineuse, qu'elle aurait accru dans de trop fortes proportions les dimensions de ce compte-rendu; d'ailleurs, nous le savons, ceux qui ont donné l'ont fait pour soulager des malheureux et non pour voir imprimer leur nom et leur souscription sur une liste. Nous n'avons pas fait figurer non plus les dons en nature que nous avons reçus. Non-seulement on nous a fourni des vêtements neufs, mais aussi une grande quantité de vêtements et de linge à moitié usés, qui, avec quelques réparations, ont pu encore être fort utiles. Tout a trouvé son emploi, et bien qu'il nous ait été impossible d'évaluer au juste cette portion de nos ressources, elle n'en a pas moins été d'un grand prix.

Montpellier a contribué tout naturellement pour une part considérable à ces dons en nature, mais nous en avons aussi reçu à diverses reprises des localités voisines suivantes :

Cette, Ganges, Villeveyrac, Pignan, Mauguio, Cournonterral, Saint-André, Saint-Pargoire, Lunel, Lodève, Marsillargues, Pézenas.

Recettes de l'Association.

Première mise de fonds à 5 fr. par personne..	800	»
Collectes au service religieux du jeudi soir ...	279	35
Part de l'Association dans la somme recueillie au Temple le 1er janvier 1871	923	»
Loterie d'une couverture faite à la réunion de travail des jeunes filles chez Mme Recolin...	350	»
Loterie pour les enfants, chez Madame Frat..	904	»
Loterie à la pension de Mademoiselle Peyre ..	125	»
Collecte à la même pension................	30	»
Loterie faite par les Dames Saacké	100	25
Collecte parmi les élèves de l'école Paul Rabaut	136	»
Souscriptions mensuelles établies pour les mois de février, mars et avril................	4 004	»
Dons spontanés	6 250	»

Dons des Églises voisines.

Mauguio........................	164		
Ganges et Saint-Laurent............	273		
Villeveyrac.....................	162		
Montagnac......................	70		
Faugères.......................	89	1 257	»
Saint-Hippolyte (une loterie)	142		
Lodève........................	50		
Lunel..........................	307		
Total...............		15 158	60

Dépenses.

Étoffes.................................	7 374 85
Laine et coton à tricoter.................	874 »
Vêtements tout confectionnés.............	1 783 20
Fournitures diverses, emballages, ports, etc..	369 65
Couvertures de laine.....................	830 50
Comestibles..............................	119 65
Secours en argent........................	2 109 50
Total................	13 461 35
Recettes......................	15 158 60
Dépenses.....................	13 461 35

Il reste dans la caisse du Comité une somme de fr. 1 697 25, qui, au fur et à mesure que les besoins nous seront connus, sera employée en secours en argent dans des localités trop éloignées pour que nous puissions y faire parvenir des dons en nature. Il nous reste aussi quelques vêtements qui trouveront leur emploi l'hiver prochain[1].

DONS ET ENVOIS

FAITS PAR L'ASSOCIATION DEPUIS LE MOIS DE SEPTEMBRE 1870 JUSQU'A LA FIN DU MOIS D'AVRIL 1871.

Quatre envois à l'Ambulance du Midi.

204 gilets de flanelle; — 108 paires de chaussettes; — 48 chemises; — 86 couvertures de laine; — 84 ceintures; — 36 serviettes; — 24 paires de draps; — 2 nappes; — 41 coussinets; — linge de pansement; — 100 évangiles. — Valeur totale de ces envois : 1 698 fr.

---

[1] Les personnes qui auraient encore quelques ouvrages appartenant à l'Association, sont priées de les déposer chez le concierge du Temple quand elles les auront terminés.

Aux artilleurs de la Mobile de l'Hérault en garnison à Langres.

60 gilets tricotés ; — 60 ceintures ; — 84 paires de chaussettes. — Valeur totale : 498 fr.

Plus 35 petits paquets envoyés aux soldats par leurs parents.

Fourni au Comité médical pour les ambulances de la ville.

36 paires de draps ; — 108 chemises ; — 72 mouchoirs ; — 1 petit sac de lentilles ; — 2 boîtes de tapioca.

Le linge que nous avions fourni au Comité médical nous a été rendu après la fermeture des ambulances de la ville, et a reçu une autre destination.

Envoi au Comité auxiliaire évangélique alors transféré à Bordeaux, pour les ambulances de la Loire.

96 paires de chaussettes ; — 72 chemises ; — 72 ceintures ; — 20 couvertures ; — 48 gilets de flanelle ; — 6 gilets de molleton ; du linge de pansement. — Valeur totale : 858 fr.

Deux envois aux prisonniers français en Allemagne.

138 caleçons en coton, fourrés ; — 120 chemises ; — 264 paires de chaussettes ; — 12 vareuses en molleton ; — 20 gilets de coton ; — 64 ceintures ; — 15 gants fourrés ; — 84 mouchoirs ; — 100 cache-nez ; — 18 gilets de flanelle ; — 62 gilets de laine tricotés ; — 24 pochettes ménagères. — Valeur totale : 2 047 fr.

Deux envois aux prisonniers français en Suisse.

211 gilets de laine ; — 72 ceintures ; — 357 chemises ; — 98 cache-nez ; — 416 mouchoirs ; — 661 paires de chaussettes ; — 12 vareuses en molleton ; — 92 caleçons de coton ; — 210 paires de chaussons ; — 131 gilets de coton ; — 46 bonnets ou serre-tête ; — 31 couvertures ; — 10 paires de bas ; — 2 paletots ; — 10 caissons de figues sèches ; — 3 petites boîtes de figues sèches ; — 2 caisses de comestibles divers ; — 1 ballot de morues ; — 2 sacs de haricots ; — 1 sac de lentilles ; —

1 sac de riz ; — 1 sac de farine de maïs ; — 1 tonneau de jujubes ; — secours en argent 1 590 fr. — Valeur totale : 6 903.

Aux soldats convalescents en dépôt à la citadelle de Montpellier.

216 mouchoirs ; — 132 paires de chaussettes ; — 96 chemises neuves ; — 12 gilets de flanelle ; — 12 ceintures et plastrons ; — 3 kilos de chocolat ; — 9 kilos de savon ; — du tabac ; — secours en argent 10 fr. — Valeur totale : 708 fr.

Plus des vêtements demi-usés, non compris dans l'évaluation, tels que : 84 chemises ; — 6 gilets de flanelle ; — 18 caleçons ; — 9 cravates.

A Niederbronn (Bas-Rhin), pour les victimes de la guerre.

12 manteaux de femme ; — 24 jupons de laine ; — 18 vareuses de laine ; — 31 objets divers de lainage ; — 16 casquettes d'enfant ; — 8 blouses ou vestes d'enfant ; — 24 robes de fillettes ; — 18 manteaux d'enfant ; — 36 paires de bas ; — 30 paires de chaussons ; — 24 objets de layette ; — 3 layettes complètes ; — 6 camisoles de coton ; — 1 petit jupon ; — 4 paletots ; — 4 gilets ; — 4 pantalons. — Valeur totale : 769 fr.

A Orléans, pour les victimes de la guerre.

12 costumes complets (cotonnade) ; — 12 jupons de laine grise ; — 12 camisoles ; — 6 blouses d'enfant ; — 12 paires de bas d'enfant ; — 2 layettes ; — 24 paires de draps ; — 24 chemises de femme ; — 12 chemises de fillette ; — 48 chemises d'homme ; — 1 caisse de comestibles divers. — Valeur totale : 1 127 fr.

Non évalués, du linge de pansement, des vêtements pour homme, femme et enfant (demi-usés).

A Besançon, Belfort et les environs, pour les victimes de la guerre.

43 couvertures ; — 38 paires de draps ; — 369 chemises d'homme ; — 304 chemises de femme ; — 42 chemises d'en-

ant ; — 521 paires de bas ou de chaussettes ; — 20 bonnets de coton ; — 23 layettes ; — 8 cache-nez ; — 94 gilets ou chemises de flanelle ; — 56 vareuses (molleton ou drap); — 25 gilets (molleton ou tricot) ; — 38 camisoles ; — 155 mouchoirs ; — 54 ceintures ; — 23 costumes de femme, cotonnade ; — 28 jupons ; — 41 jupons en laine ; — 12 costumes de femme, en laine ; — 7 manteaux de femme, en laine ; — 6 manteaux d'enfant ; — 19 vareuses (femme ou enfant); — 34 robes ou blouses d'enfant ; — 6 pantalons d'enfant ; — 16 petits jupons ; — 6 pantalons d'homme ; — 198 objets de layettes ; — 2 petites couvertures ; — 20 paires de chaussettes et chaussons ; — 12 cravates ; — 13 caleçons ; — 8 tabliers ; — 10 paillasses ; — 6 nappes ; — 44 essuie-mains et serviettes. — Fournitures telles que : fil, coton, boutons, tresses noires et blanches, 5 paires de chaussures. — Valeur totale : 6 350 fr.

Non évalués, une grande quantité de vêtements d'homme, de femme et d'enfant (demi-usés).

A l'Asile protestant de Montpellier pour les soldats blessés.

Des comestibles ; — 36 paires de chaussettes ; — 18 chemises ; — 12 gilets de coton ; — 14 vareuses en molleton ; — 8 gilets de flanelle ; — 24 bonnets de coton ; — 12 paires de draps ; — 6 cache-nez ; — Valeur totale : 500 fr.

Non évalués, du linge de pansement, des objets de literie et d'habillement (demi-usés).

A des blessés soignés en ville, à des soldats de passage blessés ou malades et à d'autres victimes de la guerre.

4 ceintures ; — 25 paires de chaussettes ; — 5 chemises ; — 17 gilets de flanelle ; — 30 cache-nez ; — 1 paire de souliers ; — 3 chemises de femme ; — 5 jupons ; — 4 vareuses ; — 4 chemises d'enfant ; — 4 vareuses ; — 3 robes ; — 3 camisoles de femme ; — 3 paires de bas. — Valeur totale : 299 fr. 25.

Non évalués, des vêtements demi-usés.

A Sedan : Secours en argent, 500 fr.

Le chiffre total de nos envois s'élève à fr. 21 757, 25 c. On remarquera sans doute une grande différence entre la somme de nos dépenses et la valeur de nos dons. Cette différence provient, d'une part, des dons en nature qui nous ont été faits, de l'autre, du travail qui a augmenté la valeur des matières premières.

Par un privilége bien rare dans une époque si troublée, aucun de nos ballots ne s'est perdu. Nous avons eu quelque inquiétude au sujet de notre dernier envoi à l'Ambulance du Midi : son expédition ayant coïncidé avec le désastre de notre armée de l'Est, les ballots, après être restés longtemps en route, nous sont finalement revenus et ont pu recevoir une autre destination. Nous possédons tous les accusés de réception de nos différents secours. Les deux envois que nous avons faits à nos soldats internés en Suisse ont été accompagnés, le premier par un des pasteurs de notre Église, le second par un de ses membres ; nos dons ont été distribués par leurs soins et par ceux d'une des dames de notre Comité qui se trouvait alors en Suisse. Grâce au zèle de cette dernière et à ses relations dans ce pays, plus de vingt localités différentes ont pu recevoir des secours en argent, en comestibles ou en vêtements. De nombreuses lettres témoignent de la reconnaissance avec laquelle ce souvenir de la patrie a été reçu par nos pauvres soldats. Les habitants de la Suisse se sont montrés si hospitaliers, si affectueux vis-à-vis de notre malheureuse armée, que notre Comité, ému de tant de charité, adressa la lettre suivante aux dames Suisses qui s'occupaient avec tant de dévouement de nos compatriotes :

« Mesdames,

» C'est avec une profonde émotion que nous avons appris, par la lecture des journaux et par des lettres particulières, l'admirable élan de votre sympathie en faveur de nos pauvres soldats, que les vicissitudes de cette guerre funeste ont conduits au milieu de vous. Nous ne pouvons résister plus longtemps au mouvement de notre cœur qui nous presse de vous adresser l'expression de notre reconnaissance.

» Au nom de toutes les femmes françaises qui comptent parmi nos soldats internés en Suisse des fils, des frères, des amis, soyez bénies! Vous les avez remplacées en quelque sorte auprès d'eux; vous avez apaisé leur faim, bandé leurs plaies, consolé leurs tristesses.

» Au nom de la cause sacrée de l'Évangile et de la civilisation, si gravement compromise de nos jours par les triomphes de la force, soyez bénies; vous et le noble peuple auquel vous appartenez, avez su démontrer par des faits que les grands principes de la charité et de la fraternité chrétiennes sont encore vivants dans les cœurs.

» Nous avons la ferme espérance que nos soldats emporteront de leur séjour au milieu de vous un profond et salutaire souvenir. Pour nous, la Suisse sera plus que jamais le pays favorisé du ciel, où se rencontrent les scènes les plus magnifiques de la nature et les réalités plus belles encore de la grandeur morale.

» Comme Françaises, comme chrétiennes, comme protestantes, nous vous remercions.

» Nous remercions aussi tous vos compatriotes qui se

sont associés à cette œuvre de dévouement, et le Gouvernement fédéral qui pourvoit d'une manière si intelligente et si active aux besoins de notre malheureuse armée.

»Veuillez agréer, Mesdames, avec l'expression de notre gratitude, l'assurance de nos sentiments respectueux et dévoués. »

Nous reçûmes en réponse à cette lettre une touchante poésie anonyme que nous sommes heureuses de transcrire pour nos lectrices. Elle restera comme un témoignage bien doux des sentiments de fraternité chrétienne qui nous unissent aux habitants de ce beau pays.

Colossiens III. 23.

Vos généreuses voix nous arrivent de France,
Femmes au noble cœur dont la reconnaissance
    A l'accent si profond ;
Ce que nous avons fait ne vaut pas vos louanges.
Et le mal à guérir est si grand, que les anges
    Verront seuls jusqu'au fond.

Ce que nous avons fait devant tant de misères,
C'était peu ;—seulement les vœux étaient sincères
    Et l'élan dévoué ;
Le devoir était là, s'affirmant sans relâche,
Et si tous l'ont compris, se sont mis à la tâche.
    Que Dieu seul soit loué !

Ce que nous avons fait, on l'a trop dit peut-être,
Nul ne doit le savoir si ce n'est notre Maître ;
    Mais pourtant, je voudrais
Vous raconter des traits de charité profonde,
Les obscurs dévouements des pauvres de ce monde,
    Ces sublimes secrets.

Ce que nous avons fait, vous le ferez de même
Si notre Suisse, un jour, voit au péril suprême
   Ses enfants exposés ;
Car il est trop amer, pendant la guerre affreuse,
De rester dans la paix d'une existence heureuse,
   Avec les bras croisés.

Dans ce naufrage immense où nous vîmes vos braves
Échouer sur nos bords, douloureuses épaves
   Arrivant jusqu'à nous ;
Tout cœur se fût ému de ces pâles figures,
Et le Samaritain, pour panser ces blessures,
   Se fût mis à genoux.

C'était un jour d'hiver, aux haleines glacées,
Quand la Suisse reçut ces cohortes lassées
   De soldats refoulés ;
Elle ouvrit les parvis de ses vieilles églises,
Et sous le saint rempart de leurs murailles grises
   Groupa les exilés.

C'est là qu'on voit souffrir sur la paille foulée,
La fleur de ta jeunesse errante et mutilée,
   O pays dépouillé !
Là, que plus d'un soldat se meurt loin de sa mère.....
Puisse-t-elle savoir que l'amour, la prière
   Sur son fils ont veillé !

Et maintenant, voici que la paix vient nous luire,
Et le soleil briller et le printemps sourire,
   Que le ciel devient bleu. ...
Mais ce nouveau printemps verdira tant de tombes
Que tout bonheur, malgré l'olivier des colombes,
   Semble avoir dit adieu.

D'autres maux que le deuil ont déchiré la France,
Mais un Dieu plein d'amour nous permet l'espérance,

Même pour ici-bas ;
Mais le divin espoir d'une meilleure vie,
Doit consoler les cœurs en parlant de patrie
Où l'on ne pleure pas !

UNE VAUDOISE.

7 Mars 1871.

Nous avons reçu dernièrement un accusé de réception de notre envoi destiné à l'Est. Le pasteur de Besançon s'est chargé de veiller à son équitable répartition dans la région qui s'étend jusqu'à Belfort. Nous avons l'intention de lui faire parvenir encore quelques secours en argent, pour aider nos pauvres compatriotes ruinés par la guerre.

En terminant, nous nous sentons pressées de remercier tous les membres de notre Église qui ont soutenu notre Association par leurs dons et par leur travail, et par-dessus tout, de rendre grâces au Seigneur qui nous a conduites et soutenues jusqu'à la fin. Ce que nous avons fait est, nous le savons, peu de chose en comparaison des misères immenses qu'il s'agissait de soulager ; mais nous avons été heureuses d'apporter notre modeste concours à l'œuvre commune de charité qui s'est accomplie de toutes parts dans notre chère patrie, et nous en bénissons Celui de qui vient toute bonne pensée et qui « produit en nous la volonté et l'exécution ».

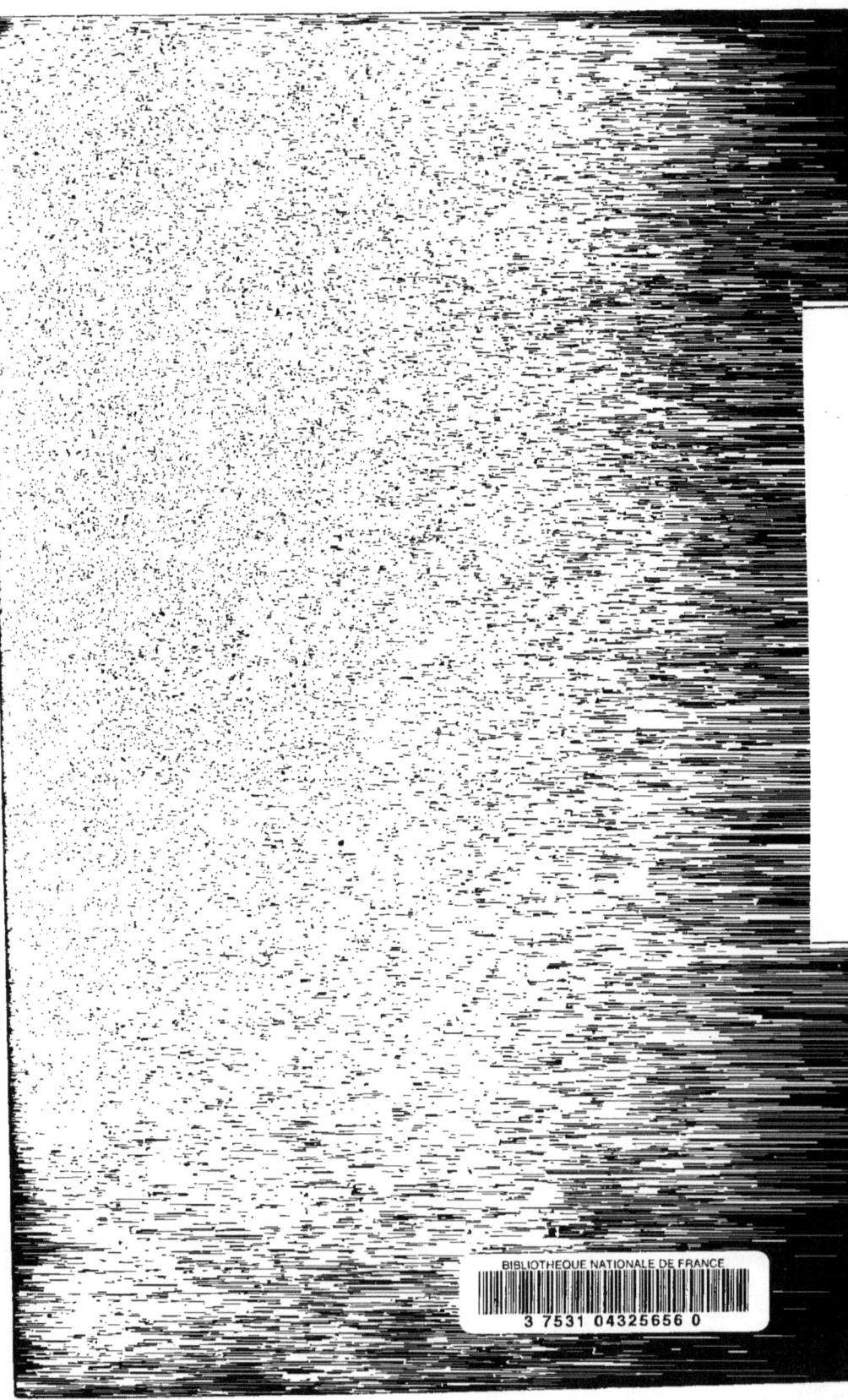

www.ingramcontent.com/pod-product-compliance
Lightning Source LLC
Chambersburg PA
CBHW070533050426
42451CB00013B/2983